Zum Schluss möchte ich allen Mithelfern bei der Herausgabe dieses Jugendbuches herzlich danken,
insbesondere Christian Bisig für die prachtvollen, naturnahen Aquarell-Federzeichnungen aus meinem geliebten Albulatal,
seiner Frau Anita für die Mithilfe bei der Gestaltung des Buches,
meinem Vater für die Durchsicht der Texterfassung,
Herrn Reto Capeder, Savognin, für die Übersetzung ins Romanische,
und allen Ungenannten welche an der Herstellung beteiligt waren.
In Ehrfurcht gedenke ich Herrn Johann Weber, Strahler, in Paspels. Er war mir stets ein Vorbild als Mensch und Freund bei unzähligen Begegnungen in seiner Schleifer-Werkstatt und in der Freien Natur.

Andi Triet   Surava, Herbst 1991

Der Illustrator Christian Bisig. Nach abgeschlossener Kunstgewerbeschule in Luzern erstreckt sich das breite Tätigkeitsgebiet von Christian Bisig über Gestaltungsaufgaben, Werbegrafik, Trickfilme und Illustrationen bis hin zum freien künstlerischen Schaffen.
In jüngster Zeit entstanden auch Fassadenmalereien in der Stadt Zug sowie Wandbilder zu aktuellen archäologischen Grabungsberichten im Kantonalen Museum für Urgeschichte, Zug.

Der Verfasser dieses Buches ist Bürger von Bad Ragaz. Er besuchte die Schulen in Zürich, wo sein Vater Lehrer war. Als jüngster von vier Kindern verbrachte er seine Ferien häufig in Graubünden, wo er dann auch seine Frau fand und sich in Surava niederliess. Er ist ein scharfer Beobachter und gedankenvoller Erzähler. Seine Naturverbundenheit gibt er freudig an seine drei Kinder weiter. Eine starke Beziehung unterhielt er mit dem Strahler Johann Weber bis zu dessen Tode. Dieser Mann hat die Liebe zur Natur von Kindheit an in ihm entwickelt.

L'otra dumang d'ansolver vign betg ruschano bler. Siva ansolver paregian tots lour tgossas per eir a scola. Anc en'emda, alloura antschevan las vacanzas da stad. Pudez pansar cun tge agitaziun tg'igls oters scolars igls spitgivan chella dumang. «Noua ischas stos? Tge vez via? Scu ègl sto da sgular?» Igl scolast Würgler ò tutgia mang a mintga scolar, scu adegna. Igl mang da Gian-Andrin, Ursina e Flurin ò'l struclo pi ferm tg'igls oters. El era cuntaint d'aveir igls unfants puspe an scola.

sie alle ruhig und spricht dann in ernstem Ton: «Wir Eltern lieben euch ebenfalls, und darum begebt ihr euch in Zukunft in keine solchen Abenteuer mehr. Habt ihr alle das verstanden?»

Am nächsten Morgen, beim Frühstück, wird nicht viel geschwatzt. Am Ende bereiten alle ihre Siebensachen für die Schule vor. Noch eine Woche dauert sie, dann beginnen die grossen Ferien. Ihr könnt euch sicher vorstellen, wie aufgeregt die Geschwister von den Mitschülern erwartet werden! «Wo wart ihr? Was habt ihr erlebt? Wie war das mit dem Fliegen?» waren natürlich die wichtigen Fragen. Herr Würgler drückte bei der Begrüssung, wie immer, den Schülern die Hand, aber die von Gian-Andrin, Ursina und Flurin ganz besonders fest. Er war froh, sie wieder gesund in der Schule zu haben.

Betg dei siva para l'antiera tgesa da durmeir. Chior an iert tschaintan bab e mamma, tat e tatta, tignond se igls mangs ed angraztgond a Dia, tgi la tgossa ò catto ena buna fegn.

Igls unfants dorman scu tes. Giond la mamma ainten tgombra da Gian-Andrin saint'la a ruschanar an semi. Ursina sa volva anve ed annò, ed er igl pitschen Flurin è inquiet. Ella crei tgi chel lascha passar revista digl antier de.

Siva dall'oraziun peglia igl bab igls cristals pacatos e vo aint igl bogn. Lò pacatescha'l or igls cristals ed antscheva agls nattager cun ava tgoda e savung. Scu tgi targlischivan. I vez bagn s'accurschia tg'igl bab è strantg cugls sies unfants, ma el igls ò gugent. El vo planget ainten tgombra e posa igls cristals sen lour meisas. Cura tg'igls unfants èn sa dasdos onigl via lour cristals nattageas ed èn currias ainten steiva tgl bab. Els igl on ambratschea e detg: «Te ist igl pi tger digl mond!» Igl bab fixescha igls sies unfants e dei alloura an tung serious: «Er nous az vagn gugent, e perchegl tralasche da chellas aventuras aint igl avigneir! Vez tgapia?»

alles ins Auto. Er spricht nur wenig. Nach der Zwiebackfabrik Laim geht es links um die Ecke zu ihrem Heim hinauf. Das war einst eine alte Schmiede, aber jetzt ist nichts mehr davon zu sehen.

Im Badezimmer lässt die Mutter gleich heisses Wasser einlaufen. Dann schrubbt sie ihre Kinder ab. Es wird zu dieser Zeit merkwürdig wenig gesprochen. Nur am Schluss sagt der Vater in strengem Ton: «So, es gibt noch ein kleines Mittagessen, und dann, wie der Blitz, ab ins Zimmer!» Gleich wird es ruhig im Haus. Draussen am grossen Gartentisch sitzen Eltern und Grosseltern, halten die Hände verschränkt, beten, und danken dem lieben Gott, dass er die ganze Geschichte so gut hat enden lassen.

Die Kinder schlafen erst einmal tief. Wie die Mutter ins Zimmer geht, hört sie Gian-Andrin im Schlaf reden. Ursina wälzt sich im Bett herum, und der kleine Flurin ist ebenfalls unruhig. «Ich glaube, denen geht der ganze Tag nocheinmal im Kopfe herum», sagt sie leise zu sich selber.

Der Vater ist nach dem Gebet aufgestanden vom Tisch und ins Badezimmer gegangen. Er hat die eingepackten Kristalle mitgenommen. Er wickelt sie aus dem Zeitungspapier und beginnt sie fein säuberlich mit warmem Wasser und Seife zu waschen. Jetzt, wo der letzte Schmutz verschwunden ist, funkeln sie geheimnisvoll. Ihr merkt, der Vater ist schon ziemlich streng, aber er liebt seine Kinder innig. Er huscht leise ins Kinderzimmer und stellt die Kristalle auf ihre Arbeitstische. Nachdem die Kinder ihren Nachmittagsschlaf beendet haben, entdecken sie natürlich die gewaschenen Steine und rennen alle in die Stube zu ihrem Vater. Sie umarmen ihn und sagen zu ihm: «Du bist einfach der Liebste auf der ganzen Welt.» Der Vater betrachtet

fabrica da biscotgs Laim vogl alla sanestra per rivar a tgesa, ena fuschigna viglia, dalla quala ins vei oz navot ple.

La mamma lascha correr ava tgoda aint igl bogn e lava giu igls unfants. Curious tgi vign ruschano prest navot. Angal alla fegn dei igl bab: «Scheia, ed ossa a giantar e siva a letg. Betg dei siva para l'antiera tgesa

umarmen sich, und Tränen kollern ihnen über die Backen. Auch Frau Lehrer tritt zur Mutter, umarmt sie und sagt: «Ich bin schon froh, dass alles so gut ausgegangen ist.»

Der Pilot und seine zwei Flughelfer verabschieden sich von den Kindern und Eltern, welche sich tausendmal für die vollkommene Rettung bedanken. Jetzt aber schnell nachhause! Der Vater packt alle und

«Scu tg'ia sung cuntainta tg'igl è ia tot an bagn!»

Igl pilot ed igls sies dus gidanters deian adia agls unfants ed agls genitours tgi angraztgan anc tschuncanta gedas pigl spindramaint. Ma ossa a tgesa. Aint igl auto raschunga igl bab angal pac. Siva dalla

Vor dem Abstellen des Rotors fegt ein heftiger Wind um das Flugzeug herum. Etwas steif steigen Gian-Andrin, Ursina und Flurin aus. Ihr könnt euch vorstellen, wie Vater und Mutter sich freuen und glücklich sind, ihre Kinder heil zu umarmen. Tata und Tat – so nennt man im romanisch sprechenden Graubünden die Grosseltern –

Igl pilot ò via dalunga la giacca cotschna, fò angal ena pitschna runda e s'approximescha tant scu pussebel alla crepla. I vo betg dei ed el stat salda ainten l'aria. En isch sa derva e dus omens sa largian giu ainten ena soua. Igl pilot stò pruar da tigneir salda igl helicopter, pertge igl prievel è grond. Gian-Andri tema bagn en zichel, ma painsa tuttegna per sasez: «Chels pilots son sgular!» Igl amprem om sa platga segl crepel e schleia igl croc. El peglia Flurin, igl metta ainten la tgotscha cun givlars tgi vign pandeida ve digl sagond gidanter.

Ossa sa dolzan tots dus seadaint igl helicopter. Scu sagonda vo Ursina ed igl davos Gian-Andrin. Igl amprem om resta anc segl crepel. Gian-Andrin cloma anavos: «Faschessas igl bagn e pacatessas igls bels cristals e la gaffanaglia aint igl lascher ed igls piglessas cun Vous!» Igl om adamplescha igl giaveisch e vign tratg er el seadaint igl helicopter.

Igl spindramaint è gartagea. Igls treis unfants on survagnia ena curveia per sa scaldar, perchegl tgi vevan freid. Alloura sgolan els se da Meir cunter Casti e Surava. Gio veian igls unfants la scola ed igl grond plaz, noua tg'igl helicopter pò sa platger. Blera gliout spetga l'arrivada digls unfants. «Ossa darogl anc marmogns», painsan igls treis fugiteivs. L'antiera aventura è stada riscanta ed els veian aint, tgi na vessan betg dastgea far ena tgutgareia la cumpogna.

Igl vent digl rotor digl helicopter lavainta la polvra cura tg'el sa platga. Gian-Andrin, Ursina e Flurin sortan bagn anc en po eiras. Pudez az imaginar tge legreia per bab e mamma, da saveir ambratscher lour unfants sangs e frestgs. Er igl tat el la tatta s'ambratschan e las larmas igls corran giu per las vestas. Perfign la donna digl scolast vo ve tar la mamma, l'ambratscha e dei:

Der Pilot hat aber die rote Jacke entdeckt, fliegt nochmals einen kleinen Bogen und nähert sich dann so nahe als möglich der Felswand. Bald steht er in der Luft beinahe still. Eine Tür öffnet sich, und nacheinander senken sich zwei Männer an einem langen Seil in die Tiefe. Der Pilot muss sorgfältig versuchen, in ruhiger Lage zu bleiben. Es ist ein gefährlicher Flug. Gian-Andrin hat ein wenig Angst, sagt aber doch mit Bewunderung vor sich hin: «Fliegen können die Piloten!» Nun gelangt der erste der Männer auf die Felsplatte und löst sich vom Karabinerhaken. Dann tritt er auf den Kleinsten, Flurin, zu und zieht ihm ein «Gstältli» über. Wisst ihr was ein «Gstältli» ist? Das sind eine Art Hosen mit Trägern, in die man hineinschlüpfen kann. Vorne ist ein Haken befestigt, und diesen klinkt der eine dem andern Retter am Bauch ein. Nun schweben beide zum Helikopter hoch. Darnach kommt Ursina an die Reihe, und zuletzt folgt Gian-Andrin. Der erste Mann bleibt dabei noch auf der Felsplatte stehen. Gian-Andrin ruft ihm aufgeregt zu: «Könnten sie mir noch die schönen Kristalle und das Werkzeug in den Rucksack packen und beides mit hinaufbringen!» Der Mann erfüllt den Wunsch sehr sorgfältig, und dann wird auch er hochgezogen.

Das war aber eine ausserordentlich gelungene Rettung! Im Hubschrauber erhalten die drei Kinder eine Decke, denn sie frösteln ein wenig. Dann fliegen sie davon, in Richtung Schynschlucht, Tiefencastel nach Surava. Die Kinder entdecken schon ihr Schulhaus mit dem grossen Platz. Darauf landet der Helikopter. Viele Leute stehen da und warten. Oh je, denken die Ausreisser, jetzt bekommen wir Schelte. Das ganze Abenteuer, in das sie sich eingelassen haben, wird ihnen auf einmal bewusst, und sie sehen ein, dass sie das alles nicht hätten unternehmen dürfen.

Gian-Andrin sa desda anetgamaintg, saglia an peis e dei: «Bung Dia, scu tgi vagn durmia?» El vo or segl crepel e vei tge disaster tg'igl malstampro veva laschea anavos. Chel mument sainta'l la canera digl helicopter. El varda anse e cloma, ma igl helicopter sa struba sen tschella vart. Strousch ena minuta pi tard turna'l. Gian-Andrin teira or la sia giacca cotschna e la smagna ainten l'aria. Agls sies fardagliuns ò el cumando da star ainten la tanga, perchegl tgi seia glisch ed igl helicopter fetscha en tarmenta vent.

wacht aufbieten würde? Also sofort den in Untervaz stehenden Piloten des Rettungshubschraubers benachrichtigen! Er ist ein erfahrener Mann und fliegt bei beginnendem Morgengrauen ab, Richtung Almensertobel. Es wird langsam heller. Er zieht einige Schleifen über dem besagten Gebiet. Er und seine zwei Helfer beobachten scharf.

Plötzlich erwacht Gian-Andrin, schiesst auf und spricht: «Mein Gott, haben wir alle geschlafen?» Er tritt eilig hinaus auf den Felsvorsprung und sieht, wie das Unwetter alles zugerichtet hat. In diesem Augenblick hört er den Rotor eines Hubschraubers. Er schaut hoch, ruft, doch der Helikopter wendet sich wieder ab. Aber es geht nur eine Minute, und schon kehrt er wieder zurück. Schnell zieht Gian-Andrin seine rote Windjacke aus und schwingt sie in der Luft. Seinen Geschwistern befiehlt er gleichzeitig, in der Höhle zu bleiben, denn es ist furchtbar glitschig, und der Hubschrauber verursacht einen starken Wind.

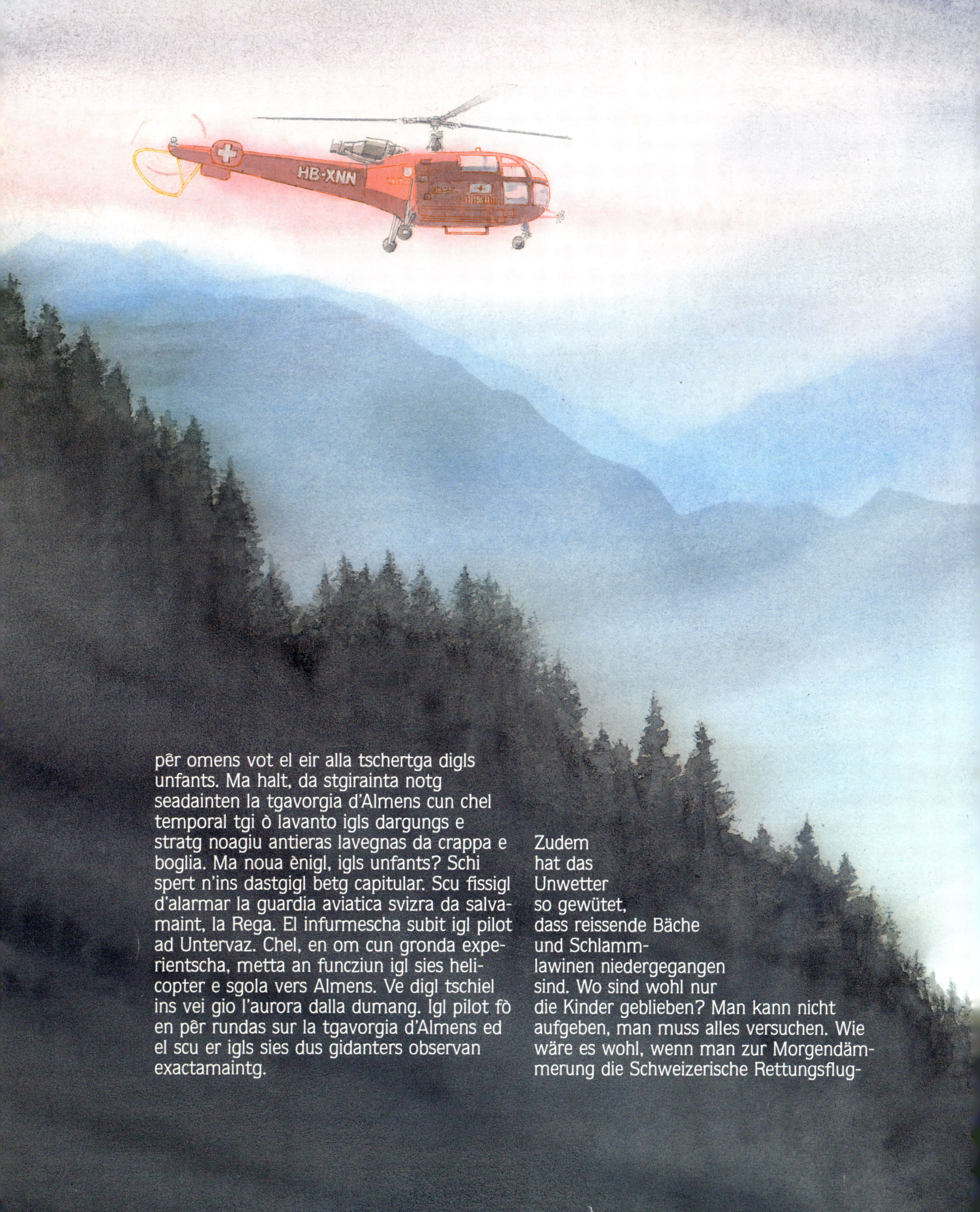

pêr omens vot el eir alla tschertga digls unfants. Ma halt, da stgirainta notg seadainten la tgavorgia d'Almens cun chel temporal tgi ò lavanto igls dargungs e stratg noagiu antieras lavegnas da crappa e boglia. Ma noua ènigl, igls unfants? Schi spert n'ins dastgigl betg capitular. Scu fissigl d'alarmar la guardia aviatica svizra da salvamaint, la Rega. El infurmescha subit igl pilot ad Untervaz. Chel, en om cun gronda experientscha, metta an funcziun igl sies helicopter e sgola vers Almens. Ve digl tschiel ins vei gio l'aurora dalla dumang. Igl pilot fò en pêr rundas sur la tgavorgia d'Almens ed el scu er igls sies dus gidanters observan exactamaintg.

Zudem hat das Unwetter so gewütet, dass reissende Bäche und Schlammlawinen niedergegangen sind. Wo sind wohl nur die Kinder geblieben? Man kann nicht aufgeben, man muss alles versuchen. Wie wäre es wohl, wenn man zur Morgendämmerung die Schweizerische Rettungsflug-

E scu vogl a tgesa? Igls genitours spetgan gio dadei igl return da lour unfants. Finalmaintg telefonescha la mamma agl manader digls battasendas. Lez era gio dadei a tgesa e sen la dumonda dalla mamma ò el savia rasponder navot oter tgi: «Chels n'èn mianc stos oz siva mezde, ia sung mez sto stupia tg'igl èn betg rivos!»

Tge tema tgi la mamma ò tgappo. Ella tgappa battacor, trembla ed è sblatga scu'n pèz, cura tg'igl bab vign da steiva aint e vei tgi cò è capito ensatge. «Per l'amour da Dia, tge ègl capito?» dumonda'l tot agito. Alarmagn dalunga igl scolast, igls vaschigns ed igls scolars per vurdar tge far. Els decidan da telefonar dalunga alla polizeia da Casti. Igl polizist rasponda e dei tg'el vigna dalunga. Sur igl sies func reiva el aint igl studio digl radio Grischa a Coira. Igls responsabels ampurmettan da purtar igl cass ainten las proximas novitads.

Donna Weber da Pasqual tedla gist las novitads e sainta cun consternaziun digl capito. Scu en tgametg vo igl patratg tras igl tgea: Ma tgi so schi chels treis unfants tgi èn stos cò siva mezde ed eran s'infurmos schi detagleidamaintg dalla tanga da cristals ainten la tgavorgia d'Almens ... chels na saron betg ias se lò ...? Ella na so betg spitgier pi dei, tgappa igl corn da telefon e telefonescha alla polizeia. Igl polizist a Casti teira gio pi lev igl flo ed annunztga la novitad agls genitours. Cun en

Wie geht es jetzt wohl zuhause zu? Die Eltern warten schon lange auf die Kinder. Endlich telefoniert die Mutter dem Leiter der «Jungschar». Er ist schon längst daheim, und auf die Frage nach ihren Kindern, antwortet er überrascht: «Die waren heute nachmittag doch gar nicht dabei, ich habe mich sogar etwas gewundert.»

Jetzt fährt der Schreck in Mutters Glieder. Ihr Herz beginnt vor Aufregung zu klopfen. Schon bald kommt der Vater heim. Was soll sie ihm auch sagen. Jetzt tritt er in die Stube und bemerkt auch gleich das Zittern und das fahle Gesicht seiner lieben Frau. «Um Gottes Willen, was ist denn los?» fragt er hastig und bekümmert. Stotternd berichtet die Mutter, was sie soeben gehört hat. Jetzt aber sofort alles dem Lehrer, den Nachbarn, den Schulkindern sagen, und mit ihnen beraten was zu tun ist! Sie beschliessen auch, schnell der Polizei in Tiefencastel zu telefonieren. Der Polizist antwortet, er komme sofort vorbei. Mit dem Funkgerät gelangt er ans Radiostudio Grischa in Chur. Dort versprechen sie, nach dem Nachrichtendienst eine Durchsage zu machen über den Fall.

Frau Weber in Paspels hört gerade die Abendnachrichten und vernimmt mit Bestürzung, was da gerade berichtet wird. Jetzt fährt ihr ein Gedanke durch den Kopf: Waren diese drei Kinder nicht am Nachmittag bei mir und haben sich so ausführlich nach der Kristallhöhle im Almensertobel erkundigt. Sind sie wohl doch noch, trotz meiner Warnung, dorthin gewandert? Sie kann das nicht mehr für sich behalten, geht schnell ans Telefon und ruft der Polizei an. Der Polizist atmet etwas auf und gibt die Meldung an die Eltern weiter. Dann fasst er die Suche durch einige starke Männer ins Auge. Aber halt, zu so später Zeit kommt der Suchtrupp nicht mehr ins Almensertobel.

La tema digls unfants crescha ad en crescher. Tottanegna dei Gian-Andrin: «Ma nous stuessan eir planget a tgesa.» I para tgi er el vegia pers igl curasch. El vo or segl crepel e sglischa or. Ma tge cletg, per en tgavel fiss el crudo giu per la crepla. Tge fissigl capito cugls mies fardagliuns? Ed igls mies genitours? Dantant tgi el niva turmanto da chels patratgs turna'l tar Ursina e Flurin. I dovra gist tot tgi na vigna betg las larmas. Planget sonigl tge tgutgareia tg'igl on fatg. Gl'è bler mengia privlous da bandunar la tanga. O Dia, tge painsan igls genitours?

«Ma tge vainsa da far?» Els sa stroclan anc pi fitg ansemen, teiran aint las giaccas e fon betg mucs. Igl temporal n'è betg anc passo. La plievgia croda pi lom, ma chi e lò anc adegna singuls tgametgs cun en tung pi manevel u lontan. La stancladad para da piglier suramang. Flurin è gio durmanto. Curt sessour sa durmainta er Ursina ed igl davos er igl manader dalla truppa, Gian-Andrin.

eben noch heftig gearbeitet haben, einen zuckenden Blitz. Jetzt wird ihnen etwas mulmig zumute. Es geht nicht lange, und erste grosse Tropfen fallen. Sie begeben sich schnell wieder in die Höhle und setzen sich eng aneinander. So spüren sie sich und können trotzdem etwas hinausblicken. So wollen sie das Gewitter erwarten und bis zum Ende ausharren. Sie bemerken auch, dass es langsam dunkler wird, und dann beginnt der Regen zu prasseln. Es blitzt und donnert.

Die Kinder werden immer ängstlicher und beginnen sich langsam zu fürchten. Gian-Andrin meint: «Wir sollten aber langsam nach Hause.» Das tönt aber gar nicht mehr so mutig. Er tritt nochmals auf den Felsabsatz hinaus. Oh Schreck, er gleitet aus. Nur mit Mühe kann er sich am Felsen halten. Nun wäre ich um ein Haar hinuntergefallen, fährt es ihm durch den Kopf. Was wäre dann geschehen mit meinen Geschwistern? Und die Eltern? Die Gedanken wirren ihm im Kopf herum. Er setzt sich schnell zu Ursina und Flurin. Er ist dem Weinen nahe. Langsam wird allen klar, was sie Dummes angestellt haben. Es ist gefährlich aufzubrechen. Heute kommt man nicht mehr heim. Oh Gott, was denken nur die Eltern?

«Was sollen wir nur machen?» fragen sie sich. Dabei rutschen sie im hintersten Winkel der Höhle noch enger zusammen. Darnach streifen sie sich die Windjacken über und verharren lautlos. Das Gewitter hat noch nicht aufgehört. Gleichmässiger rauscht der Regen, und noch immer zucken vereinzelt Blitze. Darauf grollt der Donner, mal näher, mal ferner. Langsam fällt die Müdigkeit über sie her. Flurin sind schon die Augen zugefallen; er schläft als erster. Kurz darauf nickt auch Ursina ein, und zuletzt übernimmt es auch noch den Anführer der Schar, Gian-Andrin.

antschevigl gio a pluschinar. Igls unfants stattan ainten la tanga, sa tschaintan stagn l'egn cunter l'oter e tgittan noador. Stond uscheia onigl lia lascher passar igl temporal.

Els s'accorschan scu tgi vign pi stgeir, e scu tgi la plievgia scadagna dantant tgi tunga e tgamegia.

nach. Die Höhle ist etwa fünf Meter tief. «Da hat es ja nur Sand, ganz grünen Sand», bemerkt Ursina. Da belehrt sie ihr Bruder, dass das Chloridsand sei; der Vater habe ihm das einmal erklärt. Er gräbt auch sogleich seine Hände in den Sand und hebt eine Handvoll heraus. «Oh je, schaut euch einmal Gian-Andrins Hand an; sie ist ja ganz rot!» An einer scharfen Kristallspitze hat er sich arg gekratzt. Jetzt quillt leicht Blut aus seiner Wunde. Er versucht es abzulecken. Zum Glück hat Ursina ein sauberes Taschentuch bei sich und drückt es ihm auf die Hand. Doch schnell ist auch dieser Vorfall vergessen. Sie fahren mit ihrer Suche fort. Wahrhaftig, was kommt auf einmal zum Vorschein? Eine prächtige, kleine Kristallstufe! Sie lockert sich leicht beim Anfassen, also hat schon einmal jemand daran gearbeitet. Gian-Andrin wackelt ein wenig den Brocken hin und her, und schon fällt er ihm in die Hand. Ein schönes Stück! Die Kristallspitzen sind nur noch mit ein wenig Schmutz bedeckt. Er reicht es Ursina und bittet sie, dieses auf den Felsvorsprung zu legen. Geschäftig arbeitet Gian-Andrin jetzt mit Hammer und Spitzeisen. Immer eifriger schlägt er zu. Zuletzt hat er kleinere und eine grössere Gruppe beieinander, und Ursina trägt sie alle vor die Höhle. Dabei schaut sie auch wieder einmal hinaus. Aber, was ist denn draussen los? Der blaue Himmel hat sich mit Haufenwolken verdüstert. Es sieht so aus, als ob ein Gewitter bevorstände. Ja, weit unten, in der Gegend von Rhäzüns entdecken die Kinder, welche

Els sa scliveglian anavant. Ossa cloma Gian-Andrin: «Vurde se tscho sen chest crepel, ena tarmenta fessa. Gea, propi! Gian-Andrin sa steira vease pigl cron. El tanscha igl mang ad Ursina e la teira siva. Scu terz suonda Flurin ed alloura sa cattan els ansom igl crepel, vurdond da surangiu. «Uuaa, tge ertadoira, bler pi ert tgi chegl tgi vagn cartia.» Siva d'aveir passanto l'amprema tema braman els da perscrutar la fessa.

Gian-Andrin peglia la gleisch da cassatga e sclarescha veadaint. Capasche, chiaint schean cristaligns tgi targleischan aint igl cler dalla gleisch. Flurin risca dad eir en pass anavant e vei tgi la fessa sa sbassa aintagiu, var 5 meters. Gian-Andrin igl suonda. «Ma cò ògl angal savlung, savlung tot verd», remartga Ursina. Gian-Andrin so da sies bab tgi chegl è savlung chlorid. Er el tgava cugls mangs aint igl savlung e tigna ainta mang en pugn plagn. «Ma varda tscho, igl mang vign tot cotschen!» Gian-Andrin veva sa sgriflo ve d'en piz d'en cristal ed igl sanc igl curriva or dalla plaia. Ursina peglia igls sies faziel da nas ed igl metta segl mang. Ma l'antiera tgossa è stada spert amblidada ed els von anavant alla tschertga digls cristals. Daveiras, tgetganegna cattigl ena bela platta da cristal tg'ins era bung da muantar. Tgunsch veva ensatgi gio stratg vedlonder. Gian-Andrin ò fatg ballucar en po e gio croda la platta aint igls sies mangs. En belezza cristal! Cura tgi el ò gia sfruschia davent igl tschof, ò'l surdo la platta ad Ursina e fatg la purtar or segl crepel. Gian-Andrin petga ossa adegna pi ferm cun mazzot e punta. Alla fegn ò el ena ploma cristals pi gronds u pi pitschens. Ma tge ègl capito chior dantant tg'igls unfants sa cattavan ainten la tanga. Igl tschiel era sa stgiranto ed i vaseva or scu schi less neir en temporal. Chigiu ainten la cuntrada da Razegn onigl via a tgamager. Ossa temigl tuttegna en zichel, perchegl tgi curt sessour

Sie klettern weiter. Nach einer Weile ruft Gian-Andrin plötzlich: «Schaut, dort oben, an dem Felsabsatz ist eine grosse Vertiefung.» Tatsächlich! Jetzt zieht sich Gian-Andrin an dem Felsabsatz hoch, reicht Ursina die Hand und zieht sie nach. Der kleine Flurin wird einfach gemeinsam hochgehoben. Nun stehen sie alle drei auf dem Felsabsatz und staunen hinunter. «Das war ja viel steiler, als wir dachten», sagen sie und werden etwas ängstlich. Doch das ist schnell wieder vorbei, denn sie brennen darauf, die Spalte zu erforschen.

Gian-Andrin geht mit der Taschenlampe voraus und leuchtet hinein. Wahrhaftig, da drinnen liegen noch Kristallsplitter, die im Licht der Taschenlampe funkeln. Flurin tastet sich etwas weiter und bemerkt, dass die Höhle sich hinten etwas absenkt. Gian-Andrin folgt seinem Bruder

stoptgan eir, perchegl tg'igls sies genitours spetgan chigiu dasper la posta. Els angraztgan cordialmaintg per tot chegl tg'els vevan via e santia e bandungan la steiva. «Ma betg ge a tschartger tangas e cristals, chegl è bler mengia privlous», clom'la siva agls unfants. Ma igls treis lumpazis sa rendan gio vers igl lai da Canova.

Tenor la carta da geografia magna la veia tar la scola e siva d'en spartaveias a dretg tar igl lai. La scola canoschigl perveia dallas sias bleras fanestras regularas e la sala da gimnastica. La fatscheda sainza fanestras è ornada d'en bel maletg da calour: unfants l'egn sen l'oter an furma da clutger e chel tgi stat igl pi sessom prova da tschiffer igl artg an tschiel. Igls unfants s'anreian e von anavant cunter igl lai. Rivos lò pegligl or la carta e tschertgan la veia seadainten la tgavorgia d'Almens. Els cattan ena veietta tgi vign adegna pi strètga e furma angal ple ena senda. I vign er pi ert, e la veia n'è betg adegna vasibla. Flurin tema gio en zichel. Ma Gian-Andrin quietta igls sies fardagliuns schond: «Az tigne ve da me, nous giagn bagnet l'egn siva l'oter. Rivond pi anse sa spartan las sendas. Gian-Andrin sa decida da tigneir pitost a dretg. Planget vignigl tuttegna privlous. Igls unfants ston sa tigneir ve dalla crappa e tgagliettas. I vo angal planget ed els ston far adatg da betg sglischier segl plattaschogn.

Nach der Landkarte führt das Strässchen zuerst zum Schulhaus und darauf über eine Abzweigung nach rechts zum kleinen See. Das Schulhaus erkennen sie sofort an den vielen gleichmässigen Fenstern und der angebauten Turnhalle. Die fensterlose Seitenwand schmückt übrigens noch ein lustiges, farbiges Mauerbild: Kinder stehen turmartig aufeinander, und das oberste will einen darüber sich wölbenden Regenbogen packen. Die Kinder müssen lachen, dann aber machen sie sich davon, Richtung See. Dort angekommen nehmen sie wieder die Karte aus dem Rucksack hervor und suchen den Weg ins Almensertobel. Sie finden einen schmalen, kleinen Weg. Dem folgen sie, immer leicht aufwärts, bis er nur noch ein Pfad ist. Jetzt wird es aber steil, und das Weglein nicht immer sichtbar. Flurin bekommt schon ein wenig Angst. Aber Gian-Andrin beruhigt seine beiden Geschwister: «Klammert euch an mir fest, wir steigen hintereinander hoch.» Doch da folgen auch schon verschiedene Verzweigungen. Gian-Andrin beschliesst, sich eher rechts zu halten. Langsam wird es aber doch gefährlicher. Sie müssen sich an hervorstehenden Steinen und kleinen Sträuchern festhalten. Sie steigen nur noch langsam aufwärts und müssen aufpassen, dass sie nicht rutschen. Wo es noch Erde hat, ist sie dunkel. Das kommt von der Verwitterung des Bündner Schiefers. Und der wird, wenn er nass ist, ganz schlüpfrig.

chel tgi catta adegna bels cristals!» «Aa, chel; ma igls mies tgers unfants, chel è mort gio d'en taimp.» O tge donn, painsan igls unfants. «Ma la sia donna, abitescha chella cò?» vottan igls unfants saveir. «Ea, ea, chella abitescha dasper la tgesa-pravenda. I cunaschez la sia tgesa schi vurdez davart dretga. Davant la miraglia stat anc ena mola viglia, tgi signour Weber duvrava anc a sies taimp per luvrar or igl sies diadem.»

Igls treis unfants son avonda, angraztgan pigl sclarimaint e corran se per veia vers la tgesa-pravenda. Gian-Andrin vei scu amprem la mola e surave la tavligna cun l'inscripziun: Johann Weber, tgavacristals. Els eran damai a li ed Ursina scaligna. Donna Weber sorta e dumonda en po surstada: «Ma tge lez vusoters treis cò tar me?» Tots treis vottan rachintar igl madem mument l'istorgia da chel signour Johann Weber, tgi vegia catto a sies taimp en belezza cristal, e tgi els vegian ligia chegl ainten la gasetta. La donna an plagn marveglias igls fò neir an steiva e ligia sessour igl artetgel dalla gasetta. Ella sa regorda da chella cattada ed i para ad ella scu schi fiss sto ier. Ella peglia igls unfants ed igls magna ve dasper ena vitrigna. Lò targleischan belezza cristals, tots cattos chella geda. Igls unfants èn impressiunos.

Pispert tg'igls unfants èn stos tschantos anturn la meisa viglia ò la donna scumanzo a rachintar l'istorgia digl cristal dalla tgavorgia d'Almens. Igls unfants tedlan cun îgls ed uregias. Tgetganegna stat Gian-Andrin an peis e dei alla donna tg'els

Die drei wollen nicht mehr weiter zuhören, sondern bedanken sich für die Auskunft und rennen schnell die Strasse zum Pfarrhaus hinauf. Und schon entdeckt Gian-Andrin das Schleifrad. Darüber ist eine rostige Tafel befestigt, auf der geschrieben steht: Bergkristall - Mineralien - Joh. Weber. Sie stehen also am richtigen Ort, und Ursina drückt auf den Klingelknopf an der Tür. Und wer öffnet? Die liebenswürdige Frau Weber. «Was wollt denn ihr drei da bei mir?» fragt sie etwas erstaunt. Jetzt reden alle drei durcheinander auf sie ein und erzählen ihre Geschichte von dem Mann, eben Herrn Johann Weber, der einen wunderbaren Kristallschatz gefunden hat, und dass sie das in einer Zeitung gelesen hätten. Da wird Frau Weber neugierig und bittet die Kinder, in ihre Stube hereinzukommen. Dann vertieft sie sich in den Zeitungsartikel. Sie erinnert sich, und bald kommt es ihr vor, es wäre alles erst gestern gewesen. Sie nimmt die Kinder an der Hand und begibt sich zu einer kleinen Vitrine an der Wand. Das ist ein Glaskästchen, in welchem eine Reihe schönster Kristalle funkeln. «Die sind alle aus jenem Fund», spricht sie mit gewissem Stolz. Es macht den Kindern grossen Eindruck.

Nachdem sich alle zusammen um den alten Tisch gesetzt haben, erzählt Frau Weber noch einmal die Begebenheit aus dem Almensertobel. Gespannt und aufmerksam lauschen die Kinder. Dann aber steht Gian-Andrin plötzlich auf und erklärt Frau Weber, dass sie sich verabschieden müssten, denn ihre Eltern warteten vor der Post in ihrem Auto. Sie bedanken sich herzlich für das Gesehene und Gehörte und huschen aus der Stube vors Haus. «Aber sucht ja keine solche Höhle, das ist viel zu gefährlich»,mahnt sie noch Frau Weber beim Abschied. Nun aber wandern die Schlingel gerade in entgegengesetzter Richtung, nämlich zum Canova-See.

manevrond la sia posta tras la bela cuntrada. I vo d'ena vischnanca a l'otra, eneda anse, siva angiu, gliout vign e von. Igl autist ferma danovamaintg la posta e cloma: «Pasqual! Ossa stuez sorteir, vusoters treis chive davos!» Igls unfants sortan e la posta vo anavant. Alla posta scontran els ena donna pi viglia. «Savez vous, noua tgi signour Weber abitescha?» dumondigl tot fatschantos. La donna è surstada dalla dumonda e dei: «Maa, tgenegn?» «Savez,

Es geht von Dorf zu Dorf, einmal leicht aufwärts, dann wieder etwas abwärts. Leute steigen an den Haltestellen aus, andere ein; ein Kommen und Gehen. Jetzt hält der Chauffeur wieder an und ruft: «Paspels! Auch ihr drei Kinder dahinten im Bus, aussteigen!» Die drei Kinder bedanken sich höflich bei dem Mann, und dann fährt das Postauto weiter. Sie erblicken gerade eine ältere Frau bei der Post und fragen sie: «Wissen Sie, wo hier ein Herr Weber wohnt?» Die Frau blickt etwas erstaunt und fragt: «Ja, was ist das für ein Herr Weber?» «Ja, wissen Sie, der Mann, der immer so schöne Kristalle findet.» «Ach, dieser Herr Weber; aber liebe Kinder, der ist schon vor längerer Zeit gestorben.» Oh je, denken die Kinder. «Aber Frau Weber, wohnt die noch da?» wollen sie weiter wissen. «Ja ja, Frau Weber wohnt beim Pfarrhaus», erwidert sie. «Ihr erkennt ihr Wohnhäuschen schon, wenn Ihr nach rechts schaut. Vor der Mauer steht noch ein altes Schleifrad, mit dem Herr Weber den von ihm verfertigten Schmuck bearbeitet hat.»

Bald kommt der Kondukteur, und Gian-Andrin sagt zu ihm: «Sie, in Thusis müssen wir aussteigen, wir wollen dann mit dem Postauto weiter nach Paspels. Können sie uns dann rufen, wenn es soweit ist?» «Selbstverständlich sag ich es euch dann. Aber was wollt ihr denn alleine auf so einem weiten Weg?» «Wir besuchen eine Tante in Paspels, sie hat Geburtstag.» «Ach, so ist das. Das ist aber nett von euch.» Er geht, kommt aber schon bald wieder. «Wir kommen gleich in Thusis an, Ihr müsst aussteigen», spricht er. «Dort drüben, seht Ihr, steht das Postauto.» Nichts wie raus aus dem Zug und ins Postauto hinüber gerannt! Der Postauto-Chauffeur fragt sie, wohin sie fahren wollen. «Zu einer Tante nach Paspels, die heut Geburtstag hat», antworten sie wie aus einem Munde. Die ausgekochten Schlitzohre, was die wohl im Sinne haben, denkt sich der Chauffeur, die haben sicher keine Tante in Paspels, aber Streiche im Kopf. Langsam fährt das Postauto auf einer kurvigen Strasse durch die reizvolle Landschaft.

Curt mument sessour reiva igl conductour e Gian-Andrin igl dei: «Vous, nous vagn dad eir or giu Tusang e lagn eir cun la posta a Pasqual. Ans schez cura tgi vagn dad eir or!» «Naturalmaintg, tg'az dei. Ma tge lez far tot sulets schi gliunsch?» «Nous visitagn en'onda tg'ò anniversari». Pac'urela siva turna igl conductour e dei: «Scheia, ossa stuez bandunar igl tren. Nous ischan a Tusang. Ve tscho vasez la posta. Igl autist igls dumonda, noua tgi geian. «Tar en'onda a Pasqual tgi ò oz anniversari», raspondan tots treis scu or d'ena bucca. Igl autist na crei betg propi agls treis lumpazis,

Davos els tiba la posta e Gian-Andrin ò ena bun'idea. «Ni, nous giagn cun la posta anfignen Casti!» Rivos a Casti corra Gian-Andrin ve tigl capostaziun ed igl dumonda curtaschevlamaintg: «Nous lagn eir cugl tren a Pasqual. Tge vainsa da far?» Igl capostaziun s'anrei e dei: «Ma a Pasqual passa nign tren. Vusoters stuez eir cugl tren anfignen Tusang. Alla staziun cattez la posta tgi parta diesch minutas siva or per la Tumliastga anfignen Rothenbrunnen. Igl amprem passa ella Seglias, siva Rodels e reiva alloura a Pasqual. Sche agl autist noua tgi lez eir, alloura az deiel cura tgi vez da sorteir. Igl proxim tren reiva an pac mument!» Gian-Andrin compra treis bigliets e pispert tg'igl tren è sto cò, ènigl ias aint. Igl tren parta per Tusang ed igls unfants saleidan ena davosa geda igl capostaziun.

Hinter ihnen kommt gerade das Postauto daher. Tü-ta-ta, tü-ta-ta tönt es, und schon hat Gian-Andrin eine Blitzidee. «Kommt, wir fahren mit dem Postauto nach Tiefencastel!» An der Haltestelle steigen sie flink ein. In Tiefencastel angekommen, rennt Gian-Andrin schnell zum Bahnhofvorstand der Rhätischen Bahn und fragt ihn höflich: «Wir möchten mit dem Zug nach Paspels. Können Sie uns Auskunft geben, wie wir da fahren müssen?» Da kann der Bahnhofvorstand aber nur lachen. «Nach Paspels fährt keine Eisenbahn, da müsst Ihr zunächst mit dem Zug nach Thusis fahren. Dort steht am Bahnhofplatz das Postauto bereit und fährt zehn Minuten später durch das Domleschg, Richtung Rothenbrunnen. Das nehmt Ihr. Zuerst fährt es nach Sils, dann nach Rodels und darauf nach Paspels. Ihr müsst dem Chauffeur einfach sagen, wo ihr hin wollt und ihn bitten, dass er euch ruft, wenn ihr aussteigen müsst. Der nächste Zug kommt übrigens gleich.» Gian-Andrin kauft aus seinem Taschengeld noch drei Fahrkarten, und wie der Zug eingetroffen ist, steigen alle drei ein. Der Zug fährt an, und die Kinder winken dem freundlichen Bahnhofvorstand noch ade.

Ena mes'oura pi bod tgi schiglio von igls unfants a letg. Els ligian pero anc eneda la gasetta e vardan la carta sainza far gronda canera. Alla fegn onigl decidia da visitar la tanga e chegl sonda proxima.

Damai stonigl spitgier anc en'emda. An scola èn tots treis unfants agitos e chegl s'accorscha er igl sies scolast Würgler. Tots treis n'èn betg cugls patratgs tar la tgossa, chegl tgi croda an îgl er agls oters scolars dall'amprema anfignen la seisavla classa.

Finalmaintg ègl sonda! Gio bagnmarvegl von igls unfants ven uigl, peglian en lascher, en mazzot, ena punta e gasettas. Uscheia fò'l er sies bab, cura tg'el vo a tgavar cristals. Els turnan ven tgesa e la mamma igls dumonda, schi saptgan tgi vegian oz battasendas. «Ea, ea», rasponda Gian-Andrin, «pudainsa piglier oz er Flurin?» «Bagn, sch'igl manader ò navot cuntrari, ma fasche adatg d'el!» Els von spertamaintg ven uigl pigl lascher e sa mettan sen veia giun vischnanca.

Und so begeben sich alle drei, heute Samstagabend, nicht wie üblich, um halb neun Uhr, sondern schon um acht Uhr ins Bett. Jetzt wird der Zeitungstext nochmals genau gelesen und dazu die Karte betrachtet, alles ungewohnt still und unauffällig. Und dann beschliessen sie, am nächsten Samstag gemeinsam der Höhle einen Besuch abzustatten.

Aber da ist noch eine ganze Woche dazwischen. In der Schule, in die Gian-Andrin, Ursina und Flurin gehen, sind sie etwas aufgeregt. Lehrer Würgler spürt schon, dass die drei etwas beschäftigt. Die ganze Woche sind einfach alle nicht so ganz bei der Sache, was auch den Mitschülern der ersten bis sechsten Klasse – alle im gleichen Schulzimmer – auffällt.

Endlich ist Samstag! Frühmorgens gehen die Kinder in den nahen Stall hinüber, nehmen heimlich einen Rucksack mit und packen einen Fäustel, Spitzeisen und Zeitungen hinein. So macht es der Vater auch immer, wenn er auf Kristallsuche geht. Nach dem Packen begeben sie sich wieder ins Haus hinüber. Da fragt sie die Mutter, ob sie auch nicht vergessen hätten, dass heute «Jungschar» sei. «Ja, ja, das ist schon in Ordnung», meint Gian-Andrin, «aber dürfen wir heute ausnahmsweise auch Flurin einmal mitnehmen. Der Leiter wäre einverstanden.» «Gut, ich habe nichts dagegen, aber gebt acht auf ihn» meint die Mutter. Jetzt aber holen sie hinterrücks schnell den gefüllten Rucksack aus dem Stall und machen sich auf den Weg ins Dorf hinunter.

Els sa mettan sen veia cunter tgesa, tgirond la gasetta scu en scazi ainten cassatga. A Pro Quarta onigl piglia igls ovs ed èn currias a tgesa, Diego davantor, igls oters siva. Avend cunsino igls ovs alla mamma, mitschan els veadainten uigl e stebgian igl plan sen la gasetta.

La seira, cura tg'igl bab è turno dalla lavour ò Gian-Andrin igl dumando: «Te bab, sast am deir, noua tg'igl lai da Canova e la tgavorgia d'Almens èn?» «Ea, pertge vot saveir chegl?» «Ma sast, angal per dumandar. Ia va santia eneda ensatge da chels dus lis». «Ia va ena carta da geografia, sen chella at possa mussar noua tg'igl èn». Igl bab peglia la carta giu dalla carunga e mossa igls dus lis agl mattatsch. «Angraztg, bab. Ubetg, tgi pudagn tigneir la carta anfignen dumang?»

So machen sie sich eiligst auf den Rückweg. Die Zeitung wird, wie ein kleines Heiligtum, sorgfältig gefaltet und verschwindet in Gian-Andrins Hosensack. Bei der Eierfrau richten sie noch schnell ihren Auftrag aus und rennen dann, Diego mit grossen Sprüngen voraus, heim zur Mutter. Nachdem sie der Mutter die Eier abgeliefert haben, verdrücken sie sich schnell in den Stall und studieren das Plänchen in der Zeitung.

Als der Vater nach seiner Arbeit des Abends nachhause kommt, fragt ihn Gian-Andrin so beiläufig: «Vater, kannst du mir sagen, wo der Canova-See und das Almenser-Tobel liegen?» «Ja, warum möchtest du das wissen?» «Weisst du, es interessiert mich einfach, ich habe einmal davon reden gehört.» «Ich kann dir das schon sagen,» erwidert der Vater, «ich besitze sogar eine Landkarte, auf der alles drauf ist.» Darauf holt er von seinem Büchergestell die Karte und zeigt sie seinem ältesten Buben. «Danke, Vater. Nicht wahr, wir dürfen die Karte heute abend mit uns ins Bett nehmen und sie noch etwas ansehen?»

anavant ed igl cler dalla gleisch da cassatga sa ferma davant ena stgaffetta tgi purtava en maletg tot sblitgia. «Ena tgavazza», excloma Ursina. Igls unfants vottan piglier giu la stgaffa, ma las strubas da ravetna tignivan anc fitg. Ena clav n'era er betg d'anturn. Flurin dei: «Nous stuessan aveir en gaffen. Tschartge!» E propi, els cattan en teirastrubas vigl e plagn ravetna. Siva d'ena dètga mazzacrada vignan els da piglier giu la stgaffa e da la metter giumez. Ma scu darveir sainza clav. Flurin ò puspe ena bun'idea: «Catschagn igl teirastrubas tranter las essas e pitgagn sessour cun en crap. L'essa rompa e noador croda en figl d'ena gasetta cun la quala ins veva fludro la stgaffetta. Chegl stò esser sto en'apoteca. Ma da cura è'la chella gasetta? Ella porta igl datum digls 27 d'avost 1960 ed ò oz passa 30 onns. Gian-Andrin antscheva a liger, igls oters dus tedlan. Cò stava scretg tgi Johann Weber da Pasqual, en tgavacristals, vegia catto en furn da cristals. Segl maletg ins vaseva anc en cristal ed en pitschen plan cugl furn da cristals ainten la tgavorgia d'Almens, quasi 500 m sur igl lai da Canova vease. Se lò, veva Johann Weber catto chella unica gruppa da belezza cristals.

Ossa varda Gian-Andrin sen l'oura e dat ena surstada. «He, ossa stuainsa eir! I stuagn anc eir pigls ovs e turnar dalunga a tgesa per betg tgi mamma fetscha chitos».

grossen Kristalls und ein kleiner Plan ist ebenfalls abgebildet. Daraus erfährt man, dass die Fundstelle im Almenser-Tobel, etwa 500 m oberhalb des kleinen Canova-Sees liegt. Dort oben, auf einem Felsabsatz fand Johann Weber die einzigartig schöne Kristallgruppe.

Jetzt blickt Gian-Andrin auf seine Armbanduhr und erschrickt etwas. «Hei, jetzt aber nichts wie los! Wir müssen aufbrechen und die Eier holen, sonst wird die Mutter ängstlich und ungeduldig», sagt er.

Raum. Oh, was ist das wohl? Einige grosse Holzbottiche stehen hintereinander. «Das sind sicher Badewannen», erklärt Gian-Andrin. «Natürlich!» ruft Ursina, «so ähnliche habe ich auch schon gesehen in einem Bad in Andeer. Da haben Leute früher drin gebadet.» Sie treten weiter in das Badehaus hinein, und das Licht der Taschenlampe wandert der Wand entlang, bis es auf einmal anhält. An der Wand hängt ein kleines Kästchen mit einem nur noch undeutlich sichtbaren Bild. «Oh, das ist ja ein Totenkopf!» ruft Ursina. Sie wollen das Kästchen herunternehmen, aber es ist gut befestigt, und ein Schlüssel fehlt auch. «Was machen wir nun?» Da kommt Flurin ein Gedanke. «Man sollte irgendein Werkzeug haben. Sucht einmal auf diesem Stockwerk!» Und prompt finden sie einen alten, verrosteten Schraubenzieher. Sie wollen damit die Schrauben lösen. Aber die sind nach so vielen Jahren fest in der Mauer. Nach einiger Zeit aber gelingt es ihnen, das Kästchen abzuheben und ganz sachte auf den Boden zu stellen. «Wie öffnen wir es aber ohne Schlüssel?» Wieder hat Flurin eine Idee. «Wir stecken den Schraubenzieher hinter dem Rückenbrett und der Seitenkante in die Fuge und schlagen mit einem Stein drauf.» So machen sie es. Das Brett löst sich wirklich, und dabei flattert auch gerade ein Zeitungsblatt heraus. Mit diesem war das Kästchen ausgekleidet worden. Drauf kippen auch noch drei kleine Fläschchen um. Das muss früher ein Apotheker-Schränkchen gewesen sein, glauben sie sicher. Aber, was ist das für eine Zeitung? Sie trägt das Datum des 27. August 1960 und ist also 30 Jahre alt. Gian-Andrin beginnt sofort zu lesen. Die Geschwister hören gespannt zu. Da ist beschrieben, wie der Strahler Johann Weber aus Paspels eines Tages eine besonders schöne Kristallkluft – so nennen die Bündner die Höhlen, in denen Kristalle wachsen – gefunden hat. Das Bild eines

igl tgang, fò en sagl sur igl scalem rot or e gio sa cattan tots 4 segl plang soura. Darvond igl isch veian els puspe ena gronda sala. Ma tge ègl chegl? Varsaquants gronds zevers l'egn davos l'oter. «Ma chegl è bogneras», declera Gian-Andrin. «Natural-maintg», rasponda Ursina, «sumigliaintas vaia via aint igl bogn d'Andeer. Aint ċo faschevigl bogn a sias ouras». Els von

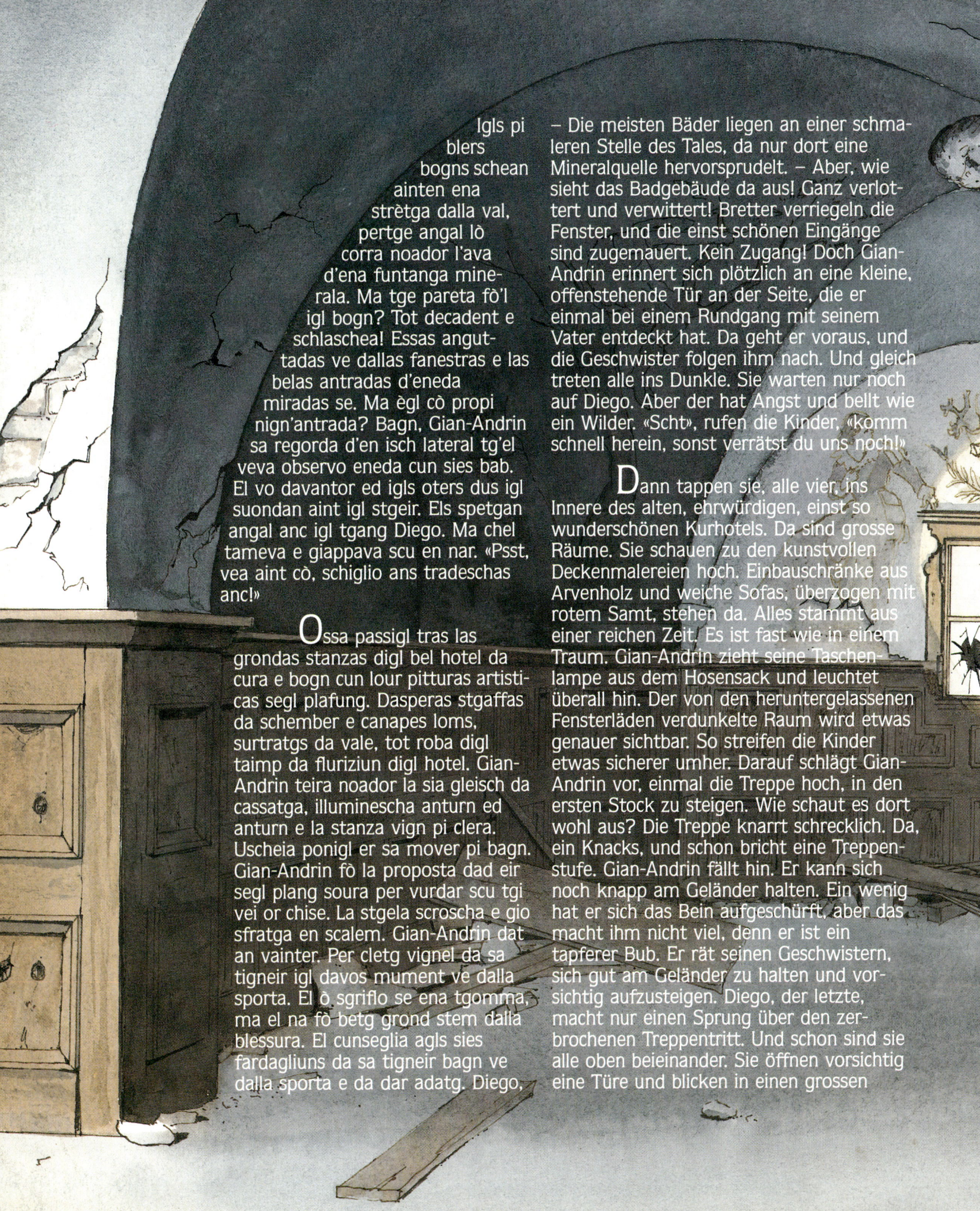

Igls pi blers bogns schean ainten ena strètga dalla val, pertge angal lò corra noador l'ava d'ena funtanga minerala. Ma tge pareta fò'l igl bogn? Tot decadent e schlaschea! Essas anguttadas ve dallas fanestras e las belas antradas d'eneda miradas se. Ma égl cò propi nign'antrada? Bagn, Gian-Andrin sa regorda d'en isch lateral tg'el veva observo eneda cun sies bab. El vo davantor ed igls oters dus igl suondan aint igl stgeir. Els spetgan angal anc igl tgang Diego. Ma chel tameva e giappava scu en nar. «Psst, vea aint cò, schiglio ans tradeschas anc!»

Ossa passigl tras las grondas stanzas digl bel hotel da cura e bogn cun lour pitturas artisticas segl plafung. Dasperas stgaffas da schember e canapes loms, surtratgs da vale, tot roba digl taimp da fluriziun digl hotel. Gian-Andrin teira noador la sia gleisch da cassatga, illuminescha anturn ed anturn e la stanza vign pi clera. Uscheia ponigl er sa mover pi bagn. Gian-Andrin fò la proposta dad eir segl plang soura per vurdar scu tgi vei or chise. La stgela scroscha e gio sfratga en scalem. Gian-Andrin dat an vainter. Per cletg vignel da sa tigneir igl davos mument ve dalla sporta. El ò sgriflo se ena tgomma, ma el na fò betg grond stem dalla blessura. El cunseglia agls sies fardagliuns da sa tigneir bagn ve dalla sporta e da dar adatg. Diego,

– Die meisten Bäder liegen an einer schmaleren Stelle des Tales, da nur dort eine Mineralquelle hervorsprudelt. – Aber, wie sieht das Badgebäude da aus! Ganz verlottert und verwittert! Bretter verriegeln die Fenster, und die einst schönen Eingänge sind zugemauert. Kein Zugang! Doch Gian-Andrin erinnert sich plötzlich an eine kleine, offenstehende Tür an der Seite, die er einmal bei einem Rundgang mit seinem Vater entdeckt hat. Da geht er voraus, und die Geschwister folgen ihm nach. Und gleich treten alle ins Dunkle. Sie warten nur noch auf Diego. Aber der hat Angst und bellt wie ein Wilder. «Scht», rufen die Kinder, «komm schnell herein, sonst verrätst du uns noch!»

Dann tappen sie, alle vier, ins Innere des alten, ehrwürdigen, einst so wunderschönen Kurhotels. Da sind grosse Räume. Sie schauen zu den kunstvollen Deckenmalereien hoch. Einbauschränke aus Arvenholz und weiche Sofas, überzogen mit rotem Samt, stehen da. Alles stammt aus einer reichen Zeit. Es ist fast wie in einem Traum. Gian-Andrin zieht seine Taschenlampe aus dem Hosensack und leuchtet überall hin. Der von den heruntergelassenen Fensterläden verdunkelte Raum wird etwas genauer sichtbar. So streifen die Kinder etwas sicherer umher. Darauf schlägt Gian-Andrin vor, einmal die Treppe hoch, in den ersten Stock zu steigen. Wie schaut es dort wohl aus? Die Treppe knarrt schrecklich. Da, ein Knacks, und schon bricht eine Treppenstufe. Gian-Andrin fällt hin. Er kann sich noch knapp am Geländer halten. Ein wenig hat er sich das Bein aufgeschürft, aber das macht ihm nicht viel, denn er ist ein tapferer Bub. Er rät seinen Geschwistern, sich gut am Geländer zu halten und vorsichtig aufzusteigen. Diego, der letzte, macht nur einen Sprung über den zerbrochenen Treppentritt. Und schon sind sie alle oben beieinander. Sie öffnen vorsichtig eine Türe und blicken in einen grossen

Bald sind sie aus den Häusern des Strassendorfes Surava heraus und schlendern jetzt die leichte Steigung am Hang hinauf. Beim Vorbeiweg am Bahnhof begrüssen sie fröhlich Vorstand Crameri. Wie sie an einem merkwürdigen, fensterlosen Rundturm vorbeikommen, erklärt Gian-Andrin seinen Geschwistern, dass das der einstige Brennofen des Kalkwerkes sei. Dort hatte man früher den Kalk für die Häuser und Kunstbauten der Strassen und Wege gebrannt.

Pac'urela siva sa cattan igls unfants sur vischnanca e sa movan vease cunter Pro Quarta. Passond la staziun saleidan els igl capostaziun Crameri avant tgi rivar tar en curious clutger radond e sainza fanestras. Gian-Andrin declera agls sies fardagliuns tgi chest clutger seia igl furn dalla caltgera da Surava. Cò ins veva ars pidabod caltschigna per la construcziun da tgesas, punts, veias e sendas. Rivos a Pro Quarta targigna Gian-Andrin da scalinar e vot betg antrar. Ve dalla sia tscheira ins ò via tg'el stibgiva tot ensatge oter. El scutigna ensatge aint per las ureglias digls sies fardagliuns. Els sa struban e fon ensatge digl tottafatg scumando. Sch'ins vo anavant per veia, ins reiva agl bogn dad Alvagni. Detg e fatg! Rivos alla posta digl bogn corran els da veia giu cunter la strètga dalla val. Siva curt mument cumpara da vart sanestra igl hotel.

Nach kurzer Zeit beim Haus der Eierfrau angekommen, zögert Gian-Andrin ein wenig und will nicht eintreten. Man sieht es seinem Gesicht an, dass er etwas im Schilde führt. Er tuschelt seinen Geschwistern etwas zu. Sie horchen aufmerksam. Er will noch etwas anderes unternehmen, was eigentlich nicht gestattet ist. Wenn man nämlich der Strasse noch eine längere Weile folgt, gelangt man nach Alvaneu-Bad. Gesagt, getan! Bei der Post von Alvaneu-Bad angekommen, rennen sie die Strasse rechts abwärts in die leichte Verengung des Albulatales. Nach einer kleinen Biegung erscheint das alte Badhotel.

En bel de da stad è capito an Val Alvra ena tgossa tot speziala, gea zont agitada. I sa tracta dall'istorgia da Gian-Andrin e digls sies fardagliuns pi giovens Ursina e Flurin.

Ena bela dumang na savevan chels treis betg tge piglier a mangs. Gl'era sonda ed a Surava nigna scola. Igls treis fardagliuns cucagevan anturn, stibgiond enqualtgi asnareia. La mamma vign planget sasa da chel star laschanteiv e cumonda tgetganegna: «Scheia, igls mies unfants, cun chella bel'ora gez oravant. Vusoters am faschez ena cumischung. I gez ainta Pro Quarta per dus scatlas ovs! Uscheia savez aglmanc tge far!» Paragea per eir era anc egn: Diego, igl tgang dalla famiglia, en bung bergamasc.

An einem wunderschönen Sommertag spielte sich im mittleren Albulatal eine aufregende Geschichte ab. Sie erzählt von Gian-Andrin und seinen jüngeren Geschwistern Ursina und Flurin.

An einem Morgen wissen die drei wieder einmal nicht was anstellen. Es ist Samstag, und am Samstag haben sie in ihrem Dorf Surava keine Schule. Da faulenzen sie zuhause herum und hecken Dummheiten aus. Langsam wird die Mutter ungnädig, und auf einmal befiehlt sie: «So Kinder, bei diesem schönen Wetter geht ihr jetzt sofort hinaus ins Freie. Ich habe auch einen kleinen Auftrag für Euch. Ihr geht schnell zu unserer Eierfrau in Pro Quarta. Dort holt Ihr mir zwei Schachteln Eier!» Die drei haben verstanden. Das ist wenigstens eine Beschäftigung. Nachdem sie sich aufbruchbereit gemacht haben, nehmen sie den Weg unter die Füsse. Da ist zwar noch einer, der mitgehen will: Diego, der Hund der Familie. Er ist ein lieber und etwas verspielter Bergamasker.

Der grosse Kristallfund
Eine Abenteuergeschichte aus dem Albulatal und Domleschg

La calameta digl cristal
Ena istorgia d'aventura dalla Val Alvra e Tumliastga

Illustriert von Christian Bisig
Text von Andi Triet

Illustration: Christian Bisig, Meyriez
Autor: Andi Triet, Surava
Satz und Druck: Grafiscrit SA, Pontresina
Fotolithos: Photolitho AG Gossau/ZH
Einband: Benziger AG, Einsiedeln
Romanische Übersetzung: Reto Capeder, Savognin
Buchgestaltung: Christian und Anita Bisig, Meyriez
Copyright: © 1992 Verlag Casa Editura per Art ed Artists, Surava
Printed in Switzerland
ISBN 3-905271-02-8

Casaccia
21.09.96

Dieses Buch gehört:
Chest codesch appartigna a:

Mauro, Giulietta u. Alma

Möge Euch dieses Buch
ein wenig Freude bereiten

Der Autor

Andi Triet